Wolfgang Link | Dr. med. Jürgen Voll

Low-Carb – Low-Budget

Kohlenhydratbilanzierte Küche für den kleinen Geldbeutel

Inhalt

Rezepte

Ist Low-Carb tatsächlich »unbezahlbar«? Ja! Aber nur für die Gesundheit.

Was ist Low-Carb?

Low-Carb ist eine Ernährungsweise, die den Verzehr von Kohlenhydraten einschränkt. Das bedeutet, auf Weißmehlbackwaren (z. B. Toast, Baguette, Weißbrot, Gebäck), Süßigkeiten und gezuckerte Getränke weitestgehend zu verzichten. Warum? Weil diese stärke- und zuckerreichen Lebensmittel unseren Blutzucker- und Insulinspiegel ansteigen lassen.

Warum Low-Carb?

Noch einmal, weil es so wichtig ist: Stärke- und zuckerreiche Lebensmittel lassen unseren Blutzucker- und Insulinspiegel ansteigen. Das Hormon Insulin wirkt nun aber nicht nur als »Blutzuckersenker«, sondern ist auch dafür verantwortlich, dass die Verbrennung der Fette im Stoffwechsel gehemmt und deren Einlagerung ins Fettgewebe begünstigt wird. Das typische »Blutzucker-Auf-und-Ab« führt außerdem dazu, dass wir nach einer kohlenhydratreichen Mahlzeit relativ schnell wieder Hunger bekommen und diesen dann oftmals mit energiereichen Snacks wie Schokoriegeln, Käsebrötchen usw. bekämpfen wollen.

Auf diese Weise werden schnell mal eben viele überflüssige Kalorien aufgenommen.

FAZIT: Zu viele und falsche Kohlenhydrate machen uns dick! Deswegen Low-Carb!

Low-Carb sagt aber noch nichts darüber aus, wie stark die Kohlenhydrate auf dem Teller reduziert werden und was stattdessen gegessen werden darf. Mit anderen Worten: Es gibt viele verschiedene Formen der Low-Carb Ernährung. Hier geht es um eine alltagstaugliche, abwechslungsreiche und sehr gut schmeckende Low-Carb-Variante: die LOGI-Methode.

Low-Carb → LOGI

Bei der LOGI-Methode handelt es sich um eine wissenschaftlich fundierte und vielfach erprobte moderate Low-Carb-Ernährung. Je nach Gesundheitszustand und körperlicher Aktivität können etwa 80 bis 130 g Kohlenhydrate täglich gegessen werden. Im Gegenzug muss beim Geschmacksträger Fett nicht gespart werden. Ganz praktisch heißt das, dass auch ein bis zwei Scheiben Brot, zwei bis drei kleine Kartoffeln oder ein paar Nudeln als Beilage oder auch mal ein Stückchen Schokolade in die LOGI-Kost passen. Die Basis der LOGI-Ernährung sind jedoch kalorienarme, wasser- und ballaststoffreiche Lebensmittel wie Gemüse, Salate und Pilze, die mit hochwertigen Fetten und Ölen angemacht und zubereitet werden.

Beim Obst werden zuckerarme Beeren sowie fettreiche Avocados, Nüsse und Saaten empfohlen. Ebenso wichtig sind eiweißreiche Sattmacher wie Eier, Fisch, Milchprodukte, Hülsenfrüchte, Fleisch und Käse. Eine Ernährung nach der LOGI-Methode ist also nicht nur kohlenhydratärmer als die übliche Nahrung, sie enthält dafür mehr Eiweiß und gesunde Fette – und natürlich reichlich Vitamine, Mineral- und Ballaststoffe.

LOGI hält die Blutzucker- und damit auch die Insulinkurve niedrig und gewährleistet so gemeinsam mit den eiweiß-, wasser- und ballaststoffreichen Lebensmitteln eine lang anhaltende Sättigung. Aufgrund des geringen Insulinbedarfs wird die Fettverbrennung gefördert und die Fettspeicherung gehemmt.

LOGI eignet sich daher nicht nur bestens zur Gewichtskontrolle, sondern ist auch die ideale Ernährungsform für Patienten mit Stoffwechselstörungen wie Typ-2-Diabetes, metabolischem Syndrom oder erhöhten Blutfetten.

Gesund und schlank mit LOGI

Die Abkürzung LOGI (engl: LOw Glycemic and Insulinemic Diet) steht für eine Ernährung, die große Schwankungen des Blutzucker- und Insulinspiegels verhindert.

So unterstützt sie den Stoffwechsel, anstatt gegen ihn zu arbeiten, wie es bei einer ungesunden Ernährung der Fall ist. Gesundbleiben und Abnehmen mit LOGI ist abwechslungsreich, macht Spaß und schmeckt. Die LOGI-Pyramide hilft bei der Mahlzeitengestaltung.

Selten: Verarbeitetes Getreide (Weißmehl), Süßigkeiten

Wenig: Vollkornprodukte, Kartoffeln, Nudeln und Reis

Häufig: Milchprodukte, Eier, mageres Fleisch, Fisch, Nüsse und Hülsenfrüchte

Oft: Stärkefreies Gemüse (zubereitet mit Öl/Butter) und Obst

Ist Low-Carb/LOGI teuer?

Es gibt offensichtlich die Bedenken, dass eine Low-Carb-Ernährung den Geldbeutel belastet, da eben kaum billige Sättigungsbeilagen wie Reis, Nudeln oder Kartoffeln und dafür viele hochwertige Lebensmittel, darunter auch Fleisch oder Fisch, auf dem Speiseplan stehen. Dennoch lässt sich eine Low-Carb/LOGI-Kost auch mit kleinem Geldbeutel realisieren – es muss ja nicht immer Filet und Spargel sein.

Außerdem darf nicht unterschätzt werden, dass man mit einer Low-Carb/LOGI-Ernährung besser und länger satt wird. So spart man jenes Geld ein, dass sonst für Snacks und Naschereien zwischendurch ausgegeben wurde.

Sparen mit Low-Carb/LOGI

Low-Carb ist also nur für die Gesundheit »unbezahlbar«. Damit Sie Ihre Low-Carb-Ernährung nach der LOGI-Methode kostenbewusst gestalten können, sollten Sie die wichtigsten Prinzipien des Sparens, hilfreiche Tipps und preiswerte Rezepte kennen.

Alles das finden Sie auf den folgenden Seiten, die sicherlich auch für viele Familien interessant sind, die nicht auf eine gesunde Ernährung mit hochwertigen, nährstoffreichen Lebensmitteln verzichten wollen. Gerade hier ist der Einspareffekt allein schon durch die Anzahl an hungrigen Familienmitgliedern um ein Vielfaches höher als in Singlehaushalten.

10 Regeln zum cleveren Sparen

01 Gehen Sie nie ohne Einkaufszettel einkaufen!

Machen Sie sich bereits zu Hause Gedanken darüber, welche Speisen Sie in den kommenden Tagen zubereiten möchten und welche Vorräte wieder aufgefüllt werden müssen. Erstellen Sie daraufhin eine entsprechende Einkaufsliste. Diese Zeitinvestition lohnt sich, denn ohne Einkaufszettel werden Sie ungeplant mehrere »Impulskäufe« tätigen und das heißt, Sie kaufen Dinge, die Sie eigentlich gar nicht benötigen. Halten Sie sich beim Einkauf an Ihre Liste, und Sie sparen neben unnötigen Kalorien auch richtig Geld.

02 Planen Sie genügend Zeit beim Einkauf ein!

Wer unter Zeitdruck einkaufen geht, kann schnell mal eben die wichtigsten Produkte vergessen und muss diese dann unter Umständen teuer an der Tankstelle nachkaufen. Daneben bleibt in der Hektik auch nicht genügend Zeit dafür, die günstigsten Angebote herauszusuchen und Produkte miteinander zu vergleichen.

03 Gehen Sie nie hungrig einkaufen!

Gut gesättigt werden Sie leichter an den Verlockungen der Supermarktregale vorbei kommen. Machen Sie sich zudem klar, dass es häufig nicht Hunger, sondern lediglich Appetit ist, der Sie zum Ausprobieren der neuesten Eiscremekreation verleiten will.

Lassen Sie sich daher nicht zu Spontankäufen im Supermarkt, in der Bäckerei, am Kiosk oder im Fast-Food-Restaurant hinreißen. Sie ersparen sich damit nicht nur eine ganze Menge »Kalorien to go«, sondern schonen auch Ihren Geldbeutel.

04 Kaufen Sie Lebensmittel in der richtigen Menge ein!

Was viele Verbraucher nicht wissen: Große Packungen sind nicht unbedingt auch immer preiswerter als kleine! Zum schnellen Vergleich von Produkten mit unterschiedlichen Füllmengen lohnt sich ein Blick auf den sogenannten Grundpreis. Der Grundpreis ist der umgerechnete Preis pro Mengeneinheit (z. B. Preis pro 100 Gramm) und befindet sich jeweils in unmittelbarer Produktnähe am Regal.

Überlegen Sie genau, welche Mengen Sie in der nächsten Zeit benötigen und passen Sie die Packungsgröße Ihrem aktuellen Bedarf an – so vermeiden Sie unnötige Reste und Kosten.

05 Keine Lebensmittel für die Tonne!

Wussten Sie, dass jeder Deutsche jährlich im Durchschnitt 82 Kilogramm Lebensmittel einfach wegwirft? Das ist nicht nur unter moralischen Gesichtspunkten bedenklich, sondern kostet auch richtig Geld, denn diese weggeworfenen Lebensmittel entsprechen einem monetären Gegenwert von ca. 240 Euro! Zu dieser Erkenntnis kommt eine Studie des Bundesministeriums für Ernährung, Landwirtschaft und Verbraucherschutz. Diese Lebensmittelverschwendung geschieht beinahe täglich in jedem Haushalt.

Gehen Sie daher verantwortungsvoll mit den Nahrungsmitteln in Ihrer Küche um. Sie können beispielsweise eine Lebensmittelverpackung unmittelbar nach dem Öffnen mit dem aktuellen Datum versehen, wenn Sie den Inhalt nicht auf einmal verbrauchen. So behalten Sie einen besseren Überblick über die Haltbarkeit Ihrer Lebensmittel. Übrig gebliebene Lebensmittel lassen sich zudem häufig in kleinen Portionen einfrieren oder können für eine der nächsten Mahlzeiten verwendet werden.

06 Achten Sie auf die richtigen Sonderangebote!

Lassen Sie sich nicht von Werbeangeboten blenden, die nicht zu Ihrer Ernährungsstrategie passen. Richten Sie Ihr Augenmerk stattdessen gezielt auf Sonderangebote, die Ihrer Low-Carb-Ernährung entsprechen. Kreisen Sie z.B. in den Werbeblättchen alle kohlenhydratarmen Lebensmittel ein und streichen die kohlenhydratreichen durch. So verschaffen Sie sich schnell einen Überblick über die für Sie infrage kommenden Angebote. Warten Sie mit dem Kauf von regelmäßig in kleinen Mengen benötigten Produkten, wie z.B. Olivenöl, bis Sie in den Werbeprospekten besonders preiswert angeboten werden. Im Supermarkt können Sie davon ausgehen, dass die teuersten Produkte auf Augenhöhe und gut erreichbar platziert werden. Günstige Alternativartikel stehen dagegen eher in Bodennähe und sind somit nur unbequem zu erreichen.

07 Kaufen Sie regionale und saisonale Produkte!

Ob Gemüse, Obst, Fleisch, Käse usw. – Lebensmittel aus der Region sind frischer, schmecken besser und sind dazu noch günstiger, da lange Transport- und Lagerhaltungskosten nicht mitbezahlt werden müssen. Außerdem unterstützen Sie auf diese Weise die Bauern Ihrer Region! Besuchen Sie doch mal einen Wochenmarkt in Ihrer Nähe. Dort finden Sie ein buntes Angebot an frischem Obst und Gemüse der Saison. Gerade kurz vor Marktschluss erhält man dort häufig hochwertige Ware für weniger Geld, da die Händler nicht auf ihrer Ware sitzen bleiben wollen.

TIPP: Laden Sie sich im Internet den Saisonkalender für Gemüse, Salat und Obst herunter und kreieren Sie mit dessen Hilfe abwechslungsreiche und der Jahreszeit entsprechende Menüs.

08 Meiden Sie industriell hergestellte Fertigprodukte!

Die Verwendung von Fertigprodukten ist bequem, zeitsparend und scheint auch günstiger zu sein. Diese Annahme ist aber nicht pauschal gültig und birgt einige Nachteile, die Ihnen bewusst sein sollten. Zum einen enthalten die Industrieprodukte häufig verschiedenste künstliche Inhaltsstoffe, die sich mitunter nachteilig auf Ihre Gesundheit auswirken können. Zum anderen sind in diesen Produkten oftmals viele Kohlenhydrate enthalten, die sich hinter den unterschiedlichsten Namen wie z.B. Saccharose, Glucose, Traubenzucker, Dextrose, Fructose, Fruchtzucker, Maltose, modifizierte Stärke, Maisstärke, Weizenstärke, Invertzucker, Glucosesirup oder Malzzucker verstecken.

09 Achten Sie beim Kauf auf die Verfallsdaten!

Wählen Sie bei verpackten Low-Carb-Lebensmitteln wie z.B. Milch stets diejenige Milchtüte mit dem längsten Mindesthaltbarkeitsdatum aus. Diese sind in den (Kühl-)Regalen des Supermarkts häufig weiter hinten zu finden. Lagern Sie Ihre Lebensmittel zu Hause dann so, dass jene, die am nächsten an der Haltbarkeitsgrenze sind, im Kühlschrank oder Vorratsschrank ganz vorn stehen.

HINWEIS: Diese Lagerungsmodalitäten müssen auch anderen Familienmitgliedern bekannt sein!

10 Achten Sie auf die richtige Lagerung!

Je frischer Ihre Ware ins Haus kommt, umso länger kann sie bei sachgerechter Lagerung aufbewahrt werden.

Gerade Wärme lässt viele Lebensmittel schneller verderben, da unter diesen Bedingungen das Wachstum von Mikroorganismen begünstigt wird. Sollten Sie eine Fußbodenheizung haben, müssen Sie bei Ihrer Vorratshaltung auch bedenken, dass es in den untersten Küchenschubladen wärmer ist als in den oberen.

Für die sachgerechte Kühlung Ihrer Nahrungsmittel finden Sie in der Anleitung Ihres Kühlschranks sehr konkrete Angaben darüber, welche Lebensmittel in welcher Kühlzone am besten gelagert werden sollten. Vielen ist sicherlich gar nicht bewusst, wie gut durchdacht die verschiedenen Kühlzonen eigentlich sind.

Kälteempfindliche Obstsorten (z.B. Bananen, Zitrusfrüchte oder Melonen) sollten dagegen nicht im Kühlschrank, sondern in einer Speisekammer oder im Keller gelagert werden. Wenn Sie diese Möglichkeit nicht haben und Obst und Gemüse bei Raumtemperatur aufbewahren müssen, sollten Sie nur die Mengen einkaufen, die Sie innerhalb von zwei bis drei Tagen verbrauchen können. Beachten Sie zudem, Obst und Gemüse getrennt voneinander zu lagern, da viele Früchte bei der Reifung Ethylen freisetzen. Das ist ein Gas, das den Reifeprozess beschleunigt und somit die Haltbarkeit vieler Gemüsesorten herabsetzt.

Öle wie z.B. Leinöl müssen in dunklen Flaschen, kühl und gut verschlossen aufbewahrt werden, da Licht, Wärme und Sauerstoff zu Veränderungen ihrer Inhaltsstoffe führen, welche mit deutlichen Qualitätseinbußen einhergehen.

Gefüllte Putenroulade im Wirsingbeet

FÜR 4 PERSONEN

- 600 g Putenschnitzel (4 Stück)
- 100 g getrocknete Tomaten (in Öl)
- 50 g Pinienkerne
- 100 g Feta
- 1 Bund frische Blattpetersilie
- 1 Ei (Größe M)
- 2 EL Olivenöl
- 2 Knoblauchzehen
- 500 g Wirsing
- 2 rote Zwiebeln
- 50 ml Gemüsebrühe
- 100 g Creme fraîche
- Muskat, Salz und Pfeffer nach Geschmack
- 4 Zahnstocher oder Bindfaden

1 Portion (415 g): 590 kcal, 45 g Eiweiß (31 E%), 40 g Fett (61 E%), 12 g Kohlenhydrate (8 E%)

01 Die Putenschnitzel waschen, trocken tupfen und flach klopfen (am besten zwischen zwei Folien).

02 Für die Füllung die getrockneten Tomaten abtropfen lassen und fein würfeln. Pinienkerne in einer Pfanne ohne Fett anrösten und anschließend fein hacken. Feta fein würfeln. Petersilie waschen, trocken schütteln und fein hacken. Tomaten, Pinienkerne, Feta und Petersilie mit dem Ei vermengen. Mit Muskat, Salz und Pfeffer würzen.

03 Die Putenschnitzel von beiden Seiten mit Salz und Pfeffer würzen. Die Füllung gleichmäßig auf der Oberseite des Fleisches verteilen, zu einer Roulade einrollen und mit einem Zahnstocher oder mit Bindfaden fixieren.

04 1 EL Öl in einer beschichteten Pfanne erhitzen und die Rouladen etwa 6–8 Minuten von allen Seiten anbraten.

05 Knoblauch schälen und in feine Würfel schneiden. Wirsing waschen, vom Strunk befreien, die großen Stiele aus den Blättern schneiden und die Blätter danach in feine Streifen schneiden. Zwiebeln schälen, halbieren und in feine Streifen schneiden.

06 In einer weiteren Pfanne 1 EL Öl erhitzen. Knoblauch, Wirsing und Zwiebeln etwa 5–6 Minuten anschwitzen und mit Salz, Pfeffer und Muskat würzen. Anschließend mit Gemüsebrühe ablöschen, Creme fraîche dazugeben und weitere 5–6 Minuten fertig garen.

07 Die Rouladen vor dem Servieren von Zahnstochern oder Bindfäden befreien, schräg anschneiden und zusammen mit dem Wirsinggemüse servieren.

TIPP: Die Füllung kann auch sehr gut für eine Fischroulade (z.B. Scholle) verwendet werden.

SPARTIPP: Die Pinienkerne können durch günstigere Sonnenblumenkerne ersetzt werden.

Gratiniertes Putenschnitzel mit Möhrenpüree

FÜR 4 PERSONEN

- 600 g Putenbrustschnitzel
- 3 EL Rapsöl
- 400 g Möhren
- 2 Zwiebeln
- 250 ml Gemüsebrühe
- 250 ml Milch (3,5 % Fett)
- ½ TL Currypulver
- 2 Strauchtomaten
- ½ Bund frisches Basilikum
- 125 g Mozzarella
- 200 g Sahne
- Muskat, Salz und Pfeffer nach Geschmack

1 Portion (515 g): 545 kcal, 46 g Eiweiß (35 E%), 34 g Fett (55 E%), 14 g Kohlenhydrate (10 E%)

01 Backofen auf 160° Umluft vorheizen.

02 Putenschnitzel waschen, trocken tupfen und mit Salz und Pfeffer würzen. 2 EL Öl in einer beschichteten Pfanne erhitzen und die Schnitzel von beiden Seiten etwa 3–4 Minuten anbraten. Die Schnitzel anschließend in eine feuerfeste Form oder auf ein mit Backpapier ausgelegtes Backblech legen.

03 Die Möhren putzen und klein schneiden, die Zwiebeln schälen und fein würfeln.

04 1 EL Öl in einem Topf erhitzen und die Zwiebeln und Möhren darin etwa 2–3 Minuten anbraten und anschließend mit Gemüsebrühe und Milch ablöschen. Mit Currypulver, Muskat, Salz und Pfeffer würzen. Das Gemüse 8–10 Minuten leicht köcheln lassen, bis die Möhren weich sind.

05 Inzwischen die Tomaten waschen, vom Strunk befreien und in Scheiben schneiden. Basilikum waschen, trocken schütteln und die Blätter abzupfen. Einige Blätter zum Garnieren zur Seite legen. Den Mozzarella abtropfen lassen und in Scheiben schneiden.

06 Die Putenschnitzel jeweils mit 2–3 Basilikumblättchen, darüber 2 Tomatenscheiben und abschließend 3 Mozzarellascheiben belegen.

07 Die Putenschnitzel im Ofen (Mitte) 6–8 Minuten gratinieren.

08 Die Sahne zum Möhrengemüse geben, alles mit einem Stabmixer pürieren und mit Salz und Pfeffer abschmecken.

09 Die Putenschnitzel zusammen mit dem Möhrenpüree servieren und mit den dafür vorgesehenen Basilikumblättchen garnieren.

SPARTIPP: Achten Sie darauf, das Putenfleisch am Stück (z. B. aus der Oberschale) zu kaufen und anschließend selbst in Schnitzel zu schneiden.

Hähnchenbrust im Haselnuss-Kokos-Kleid mit Dill-Gurken-Salat

FÜR 4 PERSONEN

- 600 g Hähnchenbrust (4 Stück)
- 2 Salatgurken
- 100 g saure Sahne (Sauerrahm)
- 1 EL Weinessig
- 3 EL Olivenöl
- 1 Bund frischer Dill
- 100 g Haselnüsse (gemahlen)
- 50 g Kokosraspeln
- 1 EL Rosmarin (getrocknet)
- 2 Eier (Größe M)
- Salz und Pfeffer nach Geschmack

1 Portion (395 g): 570 kcal, 46 g Eiweiß (33 E%), 40 g Fett (62 E%), 7 g Kohlenhydrate (5 E%)

01 Hähnchenbrust waschen, trocken tupfen und von beiden Seiten mit Salz und Pfeffer würzen.

02 Gurken schälen, in Scheiben hobeln und anschließend mit saurer Sahne, Salz, Pfeffer, Essig und 1 EL Öl marinieren. Den Dill waschen, trocken schütteln, von den Stielen befreien, fein hacken und unter den Gurkensalat mischen.

03 Die Haselnüsse mit Kokosraspeln und Rosmarin in einem tiefen Teller vermischen. Die Eier in einem zweiten tiefen Teller aufschlagen und verquirlen. Die Hähnchenbrüste zuerst in Ei und dann in der Haselnuss-Kokos-Mischung wenden. Die Panade anschließend leicht andrücken.

04 2 EL Olivenöl in einer beschichteten Pfanne erhitzen. Fleisch bei geringer Hitze etwa 4–5 Minuten goldbraun braten.

05 Die Hähnchenbrüste zusammen mit dem Dill-Gurken-Salat servieren.

TIPP: Die Gurkenscheiben 5–10 Minuten vor dem Marinieren mit ½ TL Salz vermengen, damit die Flüssigkeit entweicht und das Dressing nicht verwässert wird. Die Gurkenflüssigkeit dann vor dem Marinieren abgießen.

SPARTIPP: Dill eignet sich hervorragend zum Selbstanbau im heimischen Garten oder auf dem Küchenfensterbrett. Zur Vorratshaltung können Sie den Dill klein hacken und im Eiswürfelbecher einfrieren.

Putenkeule mit Rotweinschmorzwiebeln und Kürbisschaum

FÜR 4 PERSONEN

- 1 kg Putenoberkeule
- 3 EL Senf
- 500 g Schalotten
- 1 Knoblauchzehe
- 2 Möhren
- ½ Knollensellerie
- 1 Stängel Beifuß (getrocknet)
- 250 ml Rotwein
- 250 ml Wasser
- 400 g Speisekürbis
- 2 EL Rapsöl
- 250 ml Milch (3,5 % Fett)
- 250 ml Gemüsebrühe
- Muskat, Salz und Pfeffer nach Geschmack

1 Portion (765 g): 290 kcal, 17 g Eiweiß (24 E%), 13 g Fett (39 E%), 17 g Kohlenhydrate (25 E%), 5 g Alkohol (12 E%)

01 Backofen auf 160° Umluft vorheizen.

02 Die Putenoberkeule waschen und trocken tupfen. Anschließend von allen Seiten mit Senf bestreichen und mit Salz und Pfeffer würzen.

03 Schalotten und Knoblauch schälen. Möhren putzen und vierteln. Sellerie schälen und in kleine Stücke schneiden. Schalotten, Knoblauch, Möhren, Sellerie und den Stängel Beifuß zusammen in eine feuerfeste Form geben.

04 Putenkeule auf das Gemüsebett legen, mit Rotwein und Wasser angießen und im Ofen (Mitte) 2 Stunden garen. Zwischendurch 2- bis 3-mal wenden und mit dem Sud übergießen.

05 Währenddessen den Kürbis schälen, entkernen und in kleine Stücke schneiden. Öl in einem Topf erhitzen und den Kürbis etwa 3–4 Minuten anbraten, mit Milch und Gemüsebrühe ablöschen und anschließend mit Muskat, Salz und Pfeffer würzen. Bei geringer Hitze etwa 10 Minuten leicht köcheln lassen. Anschließend mit einem Stabmixer pürieren und nochmals mit den Gewürzen abschmecken.

06 Das Putenfleisch am Ende der Garzeit aus dem Ofen nehmen. Beifußstängel entfernen, Schalotten aus der Flüssigkeit nehmen und warm stellen. Für die Sauce das restliche Gemüse samt der Bratflüssigkeit in einen Topf geben, mit dem Stabmixer pürieren und anschließend mit Salz und Pfeffer würzen.

07 Die Putenoberkeule vom Knochen befreien und in Scheiben aufschneiden.

08 Das Putenfleisch zusammen mit den Schalotten und der Sauce auf dem Kürbisschaum anrichten und servieren.

SPARTIPP: **Eine günstigere Alternative zur Putenoberkeule ist die -unterkeule.**

Gefülltes Hähnchen »Italiana«

FÜR 4 PERSONEN

Für die Füllung:
- 2 Zwiebeln
- 1 Knoblauchzehe
- 2 Tomaten
- 175 g Kidneybohnen (Dose)
- 2 Eier (Größe M)
- 2 EL Semmelbrösel

Für die Hähnchenmarinade:
- 4 EL Olivenöl
- 1 TL Ajvar
- 1 TL Senf
- 1 TL Salz
- ½ TL Paprikapulver (edelsüß)
- 1 Prise Pfeffer

- 1 frisches Hähnchen (küchenfertig; ca. 1,7 kg)
- 2 Zwiebeln
- 1 Knoblauchzehe
- ½ Knollensellerie
- 1 rote Paprika
- Muskat, Salz und Pfeffer nach Geschmack
- Zahnstocher

1 Portion (430 g): 490 kcal, 50 g Eiweiß (42 E%), 25 g Fett (46 E%), 15 g Kohlenhydrate (12 E%)

01 Backofen auf 170° Umluft vorheizen.

02 Für die Füllung Zwiebeln, Knoblauch und Tomenten in feine Würfel schneiden. Zusammen mit den Kidneybohnen, Eiern und Semmelbröseln vermengen. Mit Muskat, Salz und Pfeffer würzen. 10 Minuten ziehen lassen.

03 Für die Marinade alle angegebenen Zutaten mit einem Schneebesen verrühren.

04 Hähnchen unter fließendem Wasser waschen und mit Küchenpapier abtupfen. Die Füllung in das Hähnchen geben und danach mit Zahnstochern verschließen. Das Hähnchen gleichmäßig mit der Marinade bestreichen und in eine Bratform legen – zuerst auf die Brustseite.

05 Zwiebeln vierteln. Knoblauch halbieren. Zwiebeln und Knoblauch in der Bratform neben dem Fleisch verteilen. Das Hähnchen im Ofen (Mitte) 80 Minuten garen. Nach der Hälfte der Garzeit das Hähnchen wenden.

06 Sellerie und Paprika in gleich große Stücke schneiden und 15 Minuten vor Ende der Garzeit zu dem Hähnchen in die Bratform geben.

07 Nach dem Ende der Garzeit das Hähnchen mit einer Geflügelschere zerteilen und die Füllung sowie die Beigaben als Beilagen servieren.

SPARTIPP: Sollten Reste der Füllung oder des Fleisches übrig bleiben, einfach beides mit etwas Mayonnaise verfeinern und schon hat man einen tollen Geflügelsalat kreiert.

Hähnchenkeule mit weißen Bohnen und spanischer Chorizo

FÜR 4 PERSONEN

- 1 Zwiebel
- 2 Knoblauchzehen
- 1 frische Peperoni
- 1 grüne Paprika
- 100 g spanische Chorizowurst
- 4 Hähnchenkeulen
- 5 EL Olivenöl
- 2 Zweige frischer Thymian
- 150 ml Rotwein (trocken)
- 375 g stückige Tomaten (Dose)
- 375 g weiße Bohnen (Dose)
- 10 Cocktailtomaten
- Salz und Pfeffer nach Geschmack

1 Portion (500 g): 565 kcal, 44 g Eiweiß (32 E%), 31 g Fett (49 E%), 21 g Kohlenhydrate (15 E%), 3 g Alkohol (4 E%)

01 Backofen auf 160° Umluft vorheizen.

02 Zwiebel schälen und achteln. Knoblauchzehen schälen und halbieren. Peperoni und Paprika entkernen, waschen und in feine Streifen schneiden. Die Wurst in Scheiben schneiden.

03 Die Hähnchenkeulen waschen, trocken tupfen und mit Salz und Pfeffer würzen. 3 EL Öl in einer backofengeeigneten Pfanne erhitzen. Hähnchenkeulen zusammen mit den Thymianzweigen und Knoblauch etwa 4–5 Minuten von beiden Seiten anbraten. Anschließend die Keulen und die Thymianzweige aus der Pfanne nehmen.

04 2 EL Öl in der gleichen Pfanne erhitzen. Zwiebel, Paprika, Chorizo und Peperoni etwa 1–2 Minuten darin anbraten. Mit Rotwein und Tomaten ablöschen. Bohnen abtropfen lassen und zusammen mit Cocktailtomaten und Hähnchenkeulen in die Pfanne geben.

05 Das Ganze ohne Deckel im Ofen (Mitte) 1,5 Stunden garen.

06 Die Keulen zusammen mit dem Bratgemüse und der Chorizo servieren.

SPARTIPP: Ersetzen Sie die spanische Chorizo durch Paprikarohwurst. Fragen Sie einfach Ihren Metzger!

Geschmorter Hähnchentopf

FÜR 4 PERSONEN

- 1 kg Hähnchenkeulen
- 4 Zwiebeln
- 4 Knoblauchzehen
- 2 EL Olivenöl
- 1 Knollensellerie
- 2 Zucchini
- 3 g Thymian (getrocknet)
- 250 ml Rotwein (halbtrocken)
- 375 g geschälte Tomaten (Dose)
- Salz und Pfeffer nach Geschmack

1 Portion (555 g): 420 kcal, 45 g Eiweiß (44 E%), 17 g Fett (37 E%), 11 g Kohlenhydrate (11 E%), 5 g Alkohol (8 E%)

01 Backofen auf 175° Umluft vorheizen.

02 Hähnchenkeulen waschen und trocken tupfen.

03 Zwiebeln und Knoblauch schälen und vierteln. Öl in einem Bräter erhitzen und Zwiebeln und Knoblauch zusammen mit den Hähnchenkeulen 2–3 Minuten von beiden Seiten scharf anbraten.

04 Sellerie schälen, der Länge nach halbieren, vierteln und in 2 cm große Stücke schneiden. Zucchini waschen, der Länge nach vierteln und ebenfalls in kleine Stücke schneiden. Beides zusammen mit den Hähnchenkeulen weitere 3–4 Minuten anbraten.

05 Mit Thymian, Salz und Pfeffer würzen. Anschließend das Ganze mit Rotwein und Tomaten ablöschen.

06 Die Hähnchenkeulen nun im Ofen (Mitte) ohne Deckel 30 Minuten schmoren lassen.

SPARTIPP: Anstelle eines Rotweins kann auch roter Traubensaft verwendet werden.

Rüben-Kräuterrahm-Gulasch mit Champignons

FÜR 4 PERSONEN

- 1 Zwiebel
- 1 rote Paprika
- 1 Bund frischer Bärlauch
- 1 Bund frische Petersilie
- 800 g Champignons
- 2 EL Olivenöl
- 200 ml Gemüsebrühe
- 100 g Creme fraîche
- 150 g Frischkäse (Doppelrahmstufe)
- 200 g Kohlrüben
- 1 EL Speisestärke
- 4 EL kaltes Wasser
- Muskat, Salz und Pfeffer nach Geschmack

1 Portion (435 g): 330 kcal, 14 g Eiweiß (18 E%), 26 g Fett (70 E%), 9 g Kohlenhydrate (12 E%)

01 Zwiebel schälen und in feine Würfel schneiden. Paprika halbieren, entkernen, waschen und in Würfel schneiden. Bärlauch waschen, trocken schütteln, Stielansatz entfernen und in Streifen schneiden. Petersilie waschen, trocken schütteln und fein hacken. Pilze putzen und vierteln.

02 Öl in einer beschichteten Pfanne erhitzen. Zwiebel, Pilze, Paprika und Bärlauch darin etwa 2–3 Minuten scharf anbraten. Mit der Gemüsebrühe ablöschen, Creme fraîche und Frischkäse dazugeben. Kohlrüben schälen, in 2 cm große Würfel schneiden, zu den Pilzen geben und in 6–8 Minuten fertig garen.

03 Die Speisestärke im Wasser lösen.

04 Das Rüben-Kräuterrahm-Gulasch mit Muskat, Salz und Pfeffer würzen und die gelöste Speisestärke einrühren. Das Ganze kurz aufkochen lassen und die Petersilie dazugeben.

TIPP: Als Alternative zu Saucenbindern oder Speisestärke können Sie auch fein püriertes Suppengemüse in die Sauce geben, um eine Bindung mit wenigen Kohlenhydraten zu erreichen.

SPARTIPP: Den Bärlauch können Sie durch 1 Knoblauchzehe, 1 Stange Lauch oder 1 Bund Lauchzwiebeln ersetzen.

Überbackenes Ratatouillegemüse mit Tomaten-Joghurt-Topping

FÜR 4 PERSONEN

- 3 Gemüsezwiebeln
- 2 Knoblauchzehen
- 2 Auberginen
- 2 gelbe Paprikaschoten
- 2 rote Paprikaschoten
- 1 Zucchini
- 2 EL Olivenöl
- 1 EL Rosmarin (getrocknet)
- 100 g Schafskäse
- 5 mittelgroße Tomaten
- 100 g Joghurt (1,5 % Fett)
- 50 g Sonnenblumenkerne
- Salz und Pfeffer nach Geschmack

1 Portion (490 g): 270 kcal, 13 g Eiweiß (21 E%), 16 g Fett (52 E%), 18 g Kohlenhydrate (27 E%)

01 Backofen auf 180° Umluft vorheizen.

02 Zwiebeln schälen, vierteln und quer in fingerdicke Streifen schneiden. Knoblauch schälen und in dünne Scheiben schneiden. Auberginen putzen und in 1 cm dicke Stifte schneiden. Paprika putzen und in 2 cm große Stücke schneiden. Zucchini putzen und quer in 1 cm dicke Scheiben schneiden.

03 2 EL Öl in einer großen beschichteten Pfanne erhitzen. Zwiebeln und Knoblauch darin bei mittlerer Hitze glasig dünsten. Auberginen, Paprika und Zucchini dazugeben. Mit Rosmarin, Salz und Pfeffer würzen und etwa 4–5 Minuten weiterbraten.

04 Schafskäse in ca. ½ cm dicke Scheiben schneiden. Das Gemüse in eine große ofenfeste Form geben, mit dem Schafskäse belegen und im Ofen (unten) 10 Minuten überbacken.

05 Tomaten kreuzförmig einritzen, etwa 10 Sekunden in kochendes Wasser geben, kalt abschrecken, häuten, halbieren und den Stielansatz entfernen. Tomaten in kleine Würfel schneiden, mit Joghurt vermengen und mit Salz und Pfeffer abschmecken.

06 Sonnenblumenkerne in einer beschichteten Pfanne ohne Fett für 2–3 Minuten anrösten.

07 Überbackenes Ratatouillegemüse mit gerösteten Sonnenblumenkernen bestreuen und zusammen mit dem Tomaten-Joghurt-Topping servieren.

SPARTIPP: Feta aus Kuhmilch ist eine günstigere Alternative zu Schafskäse.

Omelett mit Herbstsalat und Birnen-Joghurt-Dressing

FÜR 4 PERSONEN

Für das Dressing:
- 3 EL Joghurt (1,5 % Fett)
- 50 ml Gemüsebrühe
- 2 EL Aceto balsamico (dunkel)
- 2 EL Olivenöl
- Saft einer ½ Zitrone
- ½ Bund frischer Schnittlauch
- 1 Birne
- Salz und Pfeffer nach Geschmack

Für den Herbstsalat:
- 1 Kopfsalat
- ½ Kopf Lollo Rosso
- ½ Salatgurke

Für 4 Omeletts:
- 1 Zwiebel
- 1 rote Paprika
- ½ Bund frischer Schnittlauch
- 10 Kirschtomaten
- 12 Eier (Größe M)
- 4 EL Butter
- Paprikapulver, Salz und Pfeffer nach Geschmack
- Alufolie

1 Portion (440 g): 420 kcal, 24 g Eiweiß (23 E%), 31 g Fett (65 E%), 12 g Kohlenhydrate (12 E%)

01 Für das Dressing Joghurt, Gemüsebrühe, Essig, Öl und Zitronensaft in einer Schüssel vermengen. Schnittlauch klein schneiden. Birne in kleine Stücke schneiden. Schnittlauch und Birne zu den anderen Zutaten geben und alles mit einem Stabmixer pürieren. Mit Salz und Pfeffer abschmecken.

02 Den Salat in mundgerechte Stücke pflücken. Gurke in feine Scheiben schneiden oder hobeln.

03 Für die Omeletts die Zwiebel und Paprika in kleine Würfel schneiden. Schnittlauch in Röllchen schneiden. Kirschtomaten vierteln.

04 Das Dressing über den Salat gießen und vorsichtig durchmengen.

05 Für ein Omelett 3 Eier in einem Glas aufschlagen und mit einer Gabel gut verquirlen. 1 EL Butter in einer beschichteten Pfanne erwärmen. Die Eiermasse hinzugeben und bei mittlerer Hitze braten, bis sie leicht stockt. Dann einen Teil der Zwiebel- und Paprikawürfel, Schnittlauchröllchen und Kirschtomaten zugeben und weitere 2–3 Minuten fertig garen. Das Omelett anschließend in der Pfanne zuklappen, auf einen Teller geben, mit Alufolie bedecken und warm halten. Anschließend die restlichen Omeletts zubereiten.

06 Das Omelett mit Paprikapulver, Salz und Pfeffer würzen und zusammen mit dem Blattsalat servieren.

Spargelgratin mit Auberginen

FÜR 4 PERSONEN

- 2 Auberginen
- 2 Zucchini
- 1 kg Spargel (Glas)
- 10 Kirschtomaten
- 8 Frühlingszwiebeln
- 200 g Creme fraîche
- 250 g Mozzarella
- Salz und Pfeffer nach Geschmack

1 Portion (630 g): 400 kcal, 20 g Eiweiß (21 E%), 28 g Fett (62 E%), 16 g Kohlenhydrate (17 E%)

01 Backofen auf 180° Umluft vorheizen.

02 Auberginen und Zucchini waschen, entstielen und der Länge nach in 0,5 cm dicke Scheiben schneiden. Spargel abtropfen lassen und auf dem Boden einer feuerfesten Form verteilen. Auberginen- und Zucchinischeiben abwechselnd darüber schichten.

03 Kirschtomaten waschen und vierteln. Frühlingszwiebeln waschen und in feine Ringe schneiden. Tomaten, Frühlingszwiebeln und Creme fraîche in einer Schüssel vermengen und mit Salz und Pfeffer abschmecken.

04 Den Mozzarella in feine Scheiben schneiden.

05 Die Tomaten-Zwiebel-Sauce über das geschichtete Gemüse gießen und den Mozzarella darauf verteilen. Das Gratin im Ofen (Mitte) 10–12 Minuten goldbraun überbacken.

SPARTIPP: Spargel wird aufgrund seines hohen Preises auch als »weißes Gold« bezeichnet. Schwarzwurzeln sind eine schmackhafte und günstige Alternative.

Blumenkohl-Linsen-Pfanne mit Kefir

FÜR 4 PERSONEN

- 1 Blumenkohl (ca. 1 kg)
- 300 g Möhren
- 100 g Fenchel
- 3 Nektarinen
- 2 EL Rapsöl
- 200 g rote Linsen (getrocknet)
- 500 ml Gemüsebrühe
- 100 ml Wasser
- ½ Bund frische Blattpetersilie
- 500 g Kefir (mild)
- Currypulver, Salz und Pfeffer nach Geschmack

1 Portion (675 g): 355 kcal, 22 g Eiweiß (26 E%), 8 g Fett (22 E%), 45 g Kohlenhydrate (52 E%)

01 Blumenkohl in kleine Röschen schneiden und waschen. Möhren putzen, waschen, längs halbieren und in dünne Halbmonde schneiden. Fenchel halbieren, waschen und in feine Streifen schneiden. Nektarinen waschen, entsteinen und ebenfalls in Scheiben schneiden.

02 Öl in einer beschichteten Pfanne erhitzen. Blumenkohl, Möhren und Fenchel darin 4–5 Minuten anbraten. Linsen und Nektarinen dazugeben und 5–8 Minuten mitbraten. Mit Curry, Salz und Pfeffer würzen.

03 Mit Gemüsebrühe und Wasser aufgießen. Das Ganze etwa 12–15 Minuten gar köcheln lassen, dabei ab und zu umrühren.

04 Petersilie waschen, trocken schütteln, entstielen und fein hacken. Kurz vor Ende der Garzeit die Petersilie zusammen mit dem Kefir unter die Blumenkohlpfanne heben und 1-2 Minuten mit köcheln.

05 Vor dem servieren nochmals mit Salz und Pfeffer würzen.

SPARTIPP: Anstelle von Nektarinen können auch Pfirsiche verwendet werden.

Auberginensandwiches auf gebratenem Kohlrabigemüse

FÜR 4 PERSONEN

- 4 Auberginen
- 200 g Emmentaler
- 1 Bund frisches Basilikum
- 2 Eier (Größe L)
- 2 Kohlrabi (ca. 300 g)
- 2 Zwiebeln
- 3 EL Olivenöl
- 375 g Kidneybohnen (Dose)
- Paprikapulver, Salz und Pfeffer nach Geschmack

1 Portion (485 g): 435 kcal, 31 g Eiweiß (29 E%), 24 g Fett (49 E%), 24 g Kohlenhydrate (22 E%)

01 Die Seitenstücke der Auberginen der Länge nach etwa 2 cm dick wegschneiden. Diese Seitenstücke in 1 cm große Würfel schneiden und beiseitelegen.

02 Die verbleibenden Auberginenstücke der Länge nach in jeweils vier dünne Scheiben schneiden und nebeneinander auf ein Küchenbrett legen. Emmentaler in kleine dünne Scheiben schneiden. Basilikum waschen, trocken schütteln und die Blättchen abzupfen.

03 Die Hälfte der Auberginenscheiben jeweils mit einigen Emmentalerscheiben und Basilikumblättchen belegen und anschließend mit einer der restlichen Auberginenscheiben bedecken und leicht andrücken. Die Auberginensandwiches von beiden Seiten mit Salz und Pfeffer würzen.

04 Eier in einen tiefen Teller geben, mit einer Gabel verquirlen und die Auberginensandwiches nacheinander mehrfach darin wenden, bis sie vollkommen mit Ei überzogen sind.

05 Kohlrabi in 1 cm große Würfel schneiden. Zwiebeln fein würfeln. 1 EL Öl in einer beschichteten Pfanne erhitzen. Zwiebel- und Kohlrabiwürfel sowie die zuvor gewürfelten Auberginenseiten darin etwa 6–8 Minuten kross und goldbraun anbraten. Mit Salz, Pfeffer und Paprika würzen. Kidneybohnen zu den Gemüsewürfeln geben und etwa 1–2 Minuten mitbraten.

06 2 EL Öl in einer weiteren großen, beschichteten Pfanne erhitzen und die Auberginensandwiches zunächst auf höchster Stufe von beiden Seiten scharf anbraten. Dann die Temperatur auf mittlere Stufe reduzieren und so lange weiterbraten, bis die Auberginensandwiches goldbraun sind.

07 Auberginensandwiches mit dem Kohlrabigemüse anrichten und servieren.

SPARTIPP: Kaufen Sie den Käse am Stück und schneiden Sie ihn zu Hause selbst in Scheiben. Das ist günstiger als abgepackter Scheibenkäse.

Kräuterkäsesalsa

FÜR 4 PERSONEN

- 1 Zwiebel
- 2 Knoblauchzehen
- 150 g Schmelzkäse (20 % Fett i. Tr.)
- 100 g Butter
- 100 g Kräuterfrischkäse (20 % Fett i. Tr.)
- Saft einer ½ Zitrone
- Pfeffer nach Geschmack

1 Portion (105 g): 310 kcal, 14 g Eiweiß (19 E%), 27 g Fett (78 E%), 2 g Kohlenhydrate (3 E%)

01 Zwiebel und Knoblauch schälen und in feine Würfel schneiden.

02 Schmelzkäse mit Butter, Frischkäse, Zwiebel und Knoblauch in eine Schüssel geben.

03 Den Dip gut verrühren und mit Zitronensaft und Pfeffer abschmecken.

TIPP: Die Zitrone vor dem Auspressen auf einem harten Untergrund rollen und dabei Druck ausüben. So kommt mehr Saft aus der Frucht (gleiches gilt auch für Limetten).

SPARTIPP: Für Saucen, Dips und Relishes gilt: Selbst gemacht ist günstiger, es sind keine versteckten Kohlenhydrate enthalten und es schmeckt viel besser!

Thunfisch-Frischkäse-Dip

FÜR 4 PERSONEN

- 1 kleine Zwiebel
- 1 gelbe Paprika
- 150 g Thunfisch (Dose, in eigenem Saft)
- 2 EL Frischkäse (Doppelrahmstufe)
- 50 g Schafskäse
- 10 g frisch gehackter Dill
- 1 TL Zitronensaft
- 1 TL Sesamöl
- Salz und Pfeffer nach Geschmack

1 Portion (110 g): 130 kcal, 12 g Eiweiß (38 E%), 8 g Fett (54 E%), 2 g Kohlenhydrate (8 E%)

01 Zwiebel schälen und in grobe Würfel schneiden. Paprika halbieren, entkernen, waschen und in grobe Stücke schneiden.

02 Thunfisch abtropfen lassen. Zwiebel, Paprika, Thunfisch, Frischkäse, Schafskäse und Dill mit einem Stabmixer pürieren. Anschließend mit Zitronensaft, Sesamöl, Salz und Pfeffer abschmecken.

TIPP: Der Dip kann schon einen Tag vor dem Verzehr hergestellt und abgedeckt im Kühlschrank aufbewahrt werden, damit er gut durchziehen kann.

Exoticdip

FÜR 4 PERSONEN

- 3 Eier (Größe M)
- 1 Ananas
- 2 Mandarinen
- 100 g Schmand
- 100 g Mayonnaise
- 1 EL Currypulver
- Salz und Pfeffer nach Geschmack

1 Portion (250 g): 410 kcal, 7 g Eiweiß (8 E%), 33 g Fett (71 E%), 21 g Kohlenhydrate (21 E%)

01 Eier in 8–10 Minuten hart kochen, mit kaltem Wasser abschrecken, pellen und in Würfel schneiden. Anschließend in eine Schüssel geben.

02 Ananas schälen, vom Strunk befreien und in kleine Stücke schneiden. Die Mandarinen schälen und von der weißen Haut unter der Schale befreien. Ananas und Mandarinen zu den Eiern geben.

03 Schmand und Mayonnaise dazugeben. Alle Zutaten mit einem Stabmixer pürieren. Mit Curry, Salz und Pfeffer abschmecken.

TIPP: Der Exoticdip kann auch hervorragend zum Gratinieren von Fisch oder Fleisch verwendet werden, wenn den Gerichten eine karibische Note verliehen werden soll.

Zucchini-Tomaten-Relish

FÜR 4 PERSONEN

- 100 g Zucchini
- 2 Tomaten
- 1 kleine Zwiebel
- 2 EL Olivenöl
- 1 TL Speisestärke
- 2 EL kaltes Wasser
- 2 EL Honig
- Saft von 1 Limette
- 2 Spritzer Tabasco
- Salz und Pfeffer nach Geschmack

1 Portion (95 g): 100 kcal, 1 g Eiweiß (4 E%), 5 g Fett (47 E%), 12 g Kohlenhydrate (49 E%)

01 Zucchini und Tomaten waschen und in kleine Würfel schneiden. Zwiebel schälen und in kleine Würfel schneiden.

02 Öl in einer beschichteten Pfanne erhitzen. Zucchini, Tomaten und Zwiebel etwa 2 Minuten scharf anbraten. Die Pfanne von der Wärmequelle nehmen.

03 Die Speisestärke im Wasser lösen und zum gegarten Gemüse geben. Anschließend noch mal kurz aufkochen lassen. Mit Honig, Limettensaft, Tabasco, Salz und Pfeffer abschmecken.

TIPP: Mit 1 Msp. Koriander bekommt die Salsa eine orientalische Note.

Toscana-Salsa-Dip

FÜR 4 PERSONEN

- 100 g Champignons
- 2 EL Olivenöl
- 50 g getrocknete Tomaten (in Öl)
- 50 g grüne Oliven (entsteint)
- 2 Tomaten
- 3 EL Frischkäse (Doppelrahmstufe)
- ½ TL Currypulver
- 1 TL Oregano (getrocknet)
- Salz und Pfeffer nach Geschmack

1 Portion (100 g): 150 kcal, 4 g Eiweiß (10 E%), 13 g Fett (79 E%), 4 g Kohlenhydrate (11 E%)

01 Die Champignons säubern und in kleine Würfel schneiden. 1 EL Öl in einer beschichteten Pfanne erhitzen und die Champignons etwa 2 Minuten scharf anbraten.

02 Getrocknete Tomaten und Oliven abtropfen lassen und fein hacken. Frische Tomaten waschen, Strunk entfernen und in kleine Würfel schneiden.

03 Champignons, Oliven und Tomaten mit Frischkäse und 1 EL Olivenöl vermengen. Mit Curry, Oregano, Salz und Pfeffer abschmecken.

TIPP: Sie können dem Dip mit 50 g Johannisbeeren eine fruchtige Note verleihen.

Gurkencreme

FÜR 4 PERSONEN

- 1 Salatgurke
- ¼ Bund frische Blattpetersilie
- 20 g Pinienkerne
- 4 EL Creme fraîche
- 100 g Schafskäse
- 1 Msp. Paprikapulver (edelsüß)
- Salz und Pfeffer nach Geschmack

1 Portion (115 g): 150 kcal, 6 g Eiweiß (17 E%), 13 g Fett (75 E%), 3 g Kohlenhydrate (8 E%)

01 Gurke schälen und in grobe Würfel schneiden. Petersilie waschen, trocken schütteln, entstielen und klein schneiden.

02 Pinienkerne kurz in einer Pfanne ohne Fett anrösten, damit sie ihr volles Aroma entfalten.

03 Gurke, Petersilie, Pinienkerne, Creme fraîche und Schafskäse mit einem Stabmixer pürieren und mit Paprika, Salz und Pfeffer abschmecken.

TIPP: Die Creme kann auch, je nach Geschmack, mit 1 Knoblauchzehe verfeinert werden.

Gebratener Schweinenacken mit Pfirsichsauce und Apfelrotkohl

FÜR 4 PERSONEN

- 800 g Schweinenacken (mit Knochen)
- 1 Rotkohl
- 4 Zwiebeln
- 4 Äpfel (z. B. Boskop)
- 5 EL Rapsöl
- 200 ml Gemüsebrühe
- 1 Msp. Zimt
- 200 g Knollensellerie
- 200 ml Rinderfond
- 6 Pfirsiche
- Kümmelpulver, Salz und Pfeffer nach Geschmack
- Krauthobel oder Mandoline

1 Portion (755 g): 515 kcal, 37 g Eiweiß (30 E%), 26 g Fett (44 E%), 32 g Kohlenhydrate (26 E%)

01 Den Schweinenacken waschen, trocken tupfen und mit Kümmel, Salz und Pfeffer würzen.

02 Den Rotkohl vierteln und mit einem Hobel oder einer Mandoline in feine Streifen schneiden. Zwiebeln und Äpfel schälen und würfeln. 2 EL Öl in einem großen Topf erhitzen und Zwiebeln darin anschwitzen. Rotkohl und Äpfel dazugeben und 2–3 Minuten mit anschwitzen. Mit Gemüsebrühe ablöschen und mit Zimt, Salz und Pfeffer abschmecken. Rotkohl bei mittlerer Hitze zugedeckt etwa 20 Minuten leicht köcheln lassen.

03 Backofen auf 160° Umluft vorheizen.

04 Sellerie schälen und fein würfeln. 2 EL Öl in einer feuerfesten Pfanne erhitzen und den Schweinenacken von beiden Seiten etwa 3–5 Minuten anbraten. Selleriestücke dazugeben, 1–2 Minuten mitbraten und das Ganze anschließend mit dem Rinderfond ablöschen. Schweinenacken im Ofen (Mitte) 100 Minuten fertig garen.

05 Am Ende der Garzeit den Schweinenacken aus dem Fond nehmen und im Ofen bei 80° heiß stellen.

06 Für die Sauce den Fond und den Sellerie mit einem Stabmixer pürieren. Die Pfirsiche achteln. In einer beschichteten Pfanne 1 EL Öl erhitzen und Pfirsiche 1–2 Minuten anbraten. Mit der Sauce ablöschen und mit Salz und Pfeffer abschmecken.

07 Den Braten vom Knochen befreien, in Scheiben aufschneiden und zusammen mit der Pfirsichsauce und dem Apfelrotkohl servieren.

SPARTIPP: Stellen Sie den Fond selbst her! Lassen Sie sich dafür vom Metzger einige Knochen geben und legen Sie diese zusammen mit etwas Suppengemüse und 250 ml Wasser zu dem Braten. Am Ende der Garzeit Knochen und Braten herausnehmen, 1 EL Tomatenmark zu dem Fond geben und pürieren. Mit Salz und Pfeffer würzen.

Haschee-Gemüse-Pfanne im Kohlrabi

FÜR 4 PERSONEN

- 1 Stange Lauch
- 100 g Champignons
- 2 Möhren
- 1 rote Paprika
- 150 g Sojasprossen
- 1 frische Chilischote
- 4 Kohlrabi
- 2 EL Rapsöl
- 400 g Hackfleisch (gemischt)
- 100 g Creme fraîche
- 50 g Blauschimmelkäse
- Salz und Pfeffer nach Geschmack

1 Portion (415 g): 470 kcal, 29 g Eiweiß (25 E%), 34 g Fett (64 E%), 12 g Kohlenhydrate (11 E%)

01 Vom Lauch den Stiel- und Wurzelansatz entfernen, längs halbieren, waschen und in feine Streifen schneiden. Champignons putzen und vierteln. Möhren schälen und in feine Stifte schneiden. Paprika halbieren, entkernen, waschen und in feine Würfel schneiden. Sojasprossen waschen und gut abtropfen lassen. Chilischote halbieren, Kerne entfernen und fein hacken.

02 Kohlrabi schälen und so aushöhlen, dass es die Form einer Schale ergibt. Die ausgehöhlten Kohlrabi in einem Topf mit kochendem Salzwasser etwa 3–4 Minuten blanchieren, in kaltem Wasser abschrecken und in eine feuerfeste Form geben.

03 Backofen auf 180° Umluft vorheizen.

04 Öl in einer großen Pfanne erhitzen und das Hackfleisch 4–5 Minuten kräftig anbraten. Mit Salz und Pfeffer würzen. Das Gemüse zugeben und weitere 5–6 Minuten braten. Anschließend die Creme fraîche hinzufügen.

05 Den Blauschimmelkäse in dünne Scheiben schneiden. Die Haschee-Gemüse-Mischung in die Kohlrabi füllen, mit Blauschimmelkäsescheiben belegen und im Ofen (Mitte) 8–10 Minuten gratinieren.

06 Die gefüllten Kohlrabi servieren.

TIPP: Die gefüllten Kohlrabi können prima mit einer Sauce Ihrer Wahl (z. B. Kräuterkäsesalsa) aus den vorherigen Saucenrezepten (siehe Seite 28) kombiniert werden.

SPARTIPP: Sie können Blauschimmelkäse auch durch Camembert ersetzen.

Asiatische Minutensteakstreifen mit Gemüse und Kräutern

FÜR 4 PERSONEN

- 400 g Schweinesteaks (Minutensteaks)
- 1 walnussgroßes Stück Ingwer
- 8 Frühlingszwiebeln
- 200 g Zuckerschoten
- 1 Brokkoli
- 100 g Bambusstreifen (Dose)
- 2 Zweige frischer Koriander
- 100 g Papaya
- 1 EL Sesamöl
- 2 EL Sojasauce
- Saft von 1 Limette
- 1 Msp. Chilipulver
- Salz und Pfeffer nach Geschmack
- Wok zum Anbraten (alternativ haushaltsübliche Pfanne)

1 Portion (330 g): 250 kcal, 28 g Eiweiß (46 E%), 8 g Fett (31 E%), 14 g Kohlenhydrate (23 E%)

01 Minutensteaks waschen, trocken tupfen und in Streifen schneiden. Ingwer schälen und fein reiben. Frühlingszwiebeln waschen und in Röllchen schneiden.

02 Zuckerschoten putzen und Brokkoli in Röschen teilen. Beides in reichlich kochendem Salzwasser 2–3 Minuten blanchieren. Das Gemüse anschließend in kaltem Wasser abschrecken.

03 Bambusstreifen abtropfen lassen. Koriander waschen, trocken schütteln, Blätter abzupfen und in feine Streifen schneiden. Papaya schälen, längs halbieren, entkernen und das Fruchtfleisch in kleine Würfel schneiden.

04 Sesamöl im Wok erhitzen und die Minutensteakstreifen darin 2–3 Minuten anbraten. Ingwer und Frühlingszwiebeln dazugeben und weitere 1–2 Minuten mitbraten. Anschließend mit Sojasauce, Limettensaft, Chili, Salz und Pfeffer würzen.

05 Zuckerschoten, Brokkoli und Bambusstreifen dazugeben und in 4–5 Minuten fertig garen.

06 Kurz vor Ende der Garzeit Papaya und Koriander untermengen. Nochmals den Geschmack überprüfen und nachwürzen.

07 Zum Servieren den Wok (oder die Pfanne) in die Mitte des Tisches stellen.

SPARTIPP: Zitronen sind günstiger als Limetten und anstelle des Sesamöls kann auch Rapsöl verwendet werden.

Krustenbraten mit Wirsing-Apfel-Speck-Gemüse

FÜR 4 PERSONEN

Für den Braten:
- 1,2 kg Krustenbraten (vom Schwein)
- 1 EL Senf
- ½ TL Salz
- 2 Msp. Pfeffer
- ½ TL Kümmelpulver
- 2 Zwiebeln
- 2 Knoblauchzehen
- 1 Möhre
- ½ Knollensellerie
- 20 g Tomatenmark
- Salz und Pfeffer nach Geschmack

Für das Wirsinggemüse:
- 1 kleiner Wirsing
- 100 g Apfel (z. B. Boskop)
- 1 Zwiebel
- 100 g magerer Speck (am Stück)
- 1 EL Rapsöl

1 Portion (525 g): 585 kcal, 47 g Eiweiß (32 E%), 38 g Fett (59 E%), 13 g Kohlenhydrate (9 E%)

01 Backofen auf 160° Umluft vorheizen.

02 Die Schwarte des Krustenbratens einritzen und den Braten mit Senf bestreichen. Aus Salz, Pfeffer und Kümmel eine Gewürzmischung herstellen und den Braten damit gut einreiben.

03 Zwiebeln, Knoblauch, Möhre und Sellerie in kleine Stücke schneiden.

04 Das Gemüse in eine Bratform geben und den Krustenbraten darauflegen. Den Braten im Ofen (Mitte) 2 Stunden garen und zwischendurch 2- bis 3-mal wenden. Die letzte halbe Stunde sollte die Kruste nach oben zeigen, damit sie schön kross werden kann.

05 Wirsing in feine Streifen schneiden und in einem großen Topf mit kochendem Salzwasser für 1–2 Minuten blanchieren.

06 Apfel, Zwiebel und Speck in Würfel schneiden. Öl in einer beschichteten Pfanne erhitzen, Zwiebel- und Speckwürfel etwa 5 Minuten anbraten. Wirsingstreifen dazugeben und weitere 3–5 Minuten garen. Apfelstückchen unterheben.

07 Für die Sauce die Hälfte des Bratgemüses sowie den Bratenfond in einen Topf geben. Tomatenmark hinzufügen. Zutaten mit einem Stabmixer pürieren und mit Salz und Pfeffer würzen.

08 Den Braten gegen die Fleischfaser in Scheiben aufschneiden, sodass jeder ein Stück Kruste bekommt. Das restliche Bratgemüse als Dekoration dazulegen und zusammen mit dem Wirsinggemüse und der Sauce servieren.

SPARTIPP: Wirsing kann auch durch Weiß- oder Spitzkohl ersetzt werden.

Zucchini-Möhren-Krustis mit gebratenen Speckstreifen und Frühlingsquark

FÜR 4 PERSONEN

- 300 g Zucchini
- 300 g Möhren
- 1 Stange Lauch
- 4 Eier (Größe M)
- 400 g magerer Speck (am Stück)
- 1 Bund frischer Schnittlauch
- 400 g Quark (Magerstufe)
- Saft von 1 Zitrone
- 5 EL Olivenöl
- Muskat, Salz und Pfeffer nach Geschmack

1 Portion (470 g): 470 kcal, 44 g Eiweiß (39 E%), 27 g Fett (50 E%), 12 g Kohlenhydrate (11 E%)

01 Zucchini waschen und fein hobeln. Möhren putzen und fein hobeln. Den Lauch längs halbieren, waschen und in feine Streifen schneiden.

02 Zucchini- und Möhrenraspel sowie Lauchstreifen gut mit den Eiern vermengen und die Masse mit Muskat, Salz und Pfeffer würzen.

03 Speck in dünne Streifen schneiden.

04 Schnittlauch waschen, trocken schütteln und in feine Röllchen schneiden. Den Schnittlauch nun mit Quark, Zitronensaft, 2 EL Öl, Salz und Pfeffer verrühren.

05 3 EL Öl in einer Pfanne erhitzen und die Zucchini-Möhren-Lauch-Masse mit einem Esslöffel portionieren und zu Krustis formen. Die Krustis nun von beiden Seiten etwa 3–5 Minuten goldbraun braten.

06 Die Speckstreifen in einer heißen Pfanne ohne Fett etwa 2–3 Minuten scharf anbraten.

07 Die Krustis zusammen mit den gebratenen Speckstreifen und dem Frühlingsquark servieren.

TIPP: Anstelle des gebratenen Specks kann man auch sehr gut geräucherte Lachsstreifen dazu servieren.

SPARTIPP: Kaufen Sie den Speck am Stück und schneiden Sie ihn mit einer Aufschnittmaschine oder einem scharfen Messer selbst zu Scheiben.

Gemischter Schaschlikspieß auf Kidneybohnen-Tomaten-Sauce

FÜR 4 PERSONEN

Für die Schaschliksauce:
- 1 Zwiebel
- 1 Knoblauchzehe
- 1 EL Rapsöl
- 250 g Kidneybohnen (Dose)
- 250 g geschälte, gewürfelte Tomaten
- 70 g Tomatenmark
- ½ TL Salz
- 1 TL Currypulver
- 1 TL Paprikapulver (edelsüß)
- 1 EL Oregano (getrocknet)
- Tabasco und Pfeffer nach Geschmack

Für die Spieße:
- 200 g Putenschnitzel
- 600 g Schweinefleisch (aus der Oberschale)
- 200 g magerer Speck (am Stück)
- 3 Zwiebeln
- 1 grüne Paprika
- 2 EL Rapsöl
- 4 Schaschlikspieße

1 Portion (475 g): 465 kcal, 52 g Eiweiß (46 E%), 22 g Fett (41 E%), 15 g Kohlenhydrate (13 E%)

01 Backofen auf 180° Umluft vorheizen.

02 Für die Sauce Zwiebel klein würfeln. Knoblauch klein hacken. Öl in einem Topf erhitzen und Zwiebel und Knoblauch darin andünsten. Kidneybohnen zusammen mit den Tomaten (mit Saft), Tomatenmark, Salz, Curry, Paprikapulver und Oregano 20 Minuten bei geringer Hitze mit geöffnetem Topfdeckel einkochen lassen. Tomatensauce je nach gewünschtem Schärfegrad mit Tabasco und Pfeffer abschmecken.

03 Inzwischen das Fleisch waschen und trocken tupfen. Fleisch und Speck in 2 cm große Würfel schneiden. Zwiebeln vierteln. Paprika halbieren und in 2 cm große Stücke schneiden. Fleischwürfel, Zwiebelviertel, Speck und Paprikastücke abwechselnd auf die Schaschlikspieße stecken.

04 Öl in einer beschichteten Pfanne erhitzen, die Schaschliks etwa 5 Minuten scharf anbraten und die Spieße dabei immer wieder einmal drehen. Die angebratenen Schaschlikspieße in eine Bratenpfanne legen und die Tomatensauce darüber gießen. Im Ofen (Mitte) 1 Stunde zugedeckt fertig garen.

TIPP: Wer Schweinefleisch nicht mag, kann durch Rindfleisch oder mehr Putenfleisch ersetzen.

SPARTIPP: Es muss nicht immer der Holzspieß sein. Im Fachhandel oder Supermarkt gibt es eine Auswahl an Metallspießen, die wiederverwendet werden können.

Gewürzhacksteak mit geröstetem Krautsalat

FÜR 4 PERSONEN

- 1 walnussgroßes Stück Ingwer
- 400 g Rinderhackfleisch
- 150 g Zwiebelmettwurst
- 2 Eier (Größe M)
- 5 g Oregano (getrocknet)
- 1 TL Paprikapulver
- 1 Msp. Zimt
- 1 Spitzkohl (ca. 1 kg)
- 4 EL Olivenöl
- ½ TL Muskat
- ½ TL Kümmel
- 2 EL Aceto balsamico (dunkel)
- 2 gelbe Paprika
- 200 g saure Sahne
- Salz und Pfeffer nach Geschmack

1 Portion (505 g): 655 kcal, 36 g Eiweiß (22 E%), 52 g Fett (70 E%), 12 g Kohlenhydrate (8 E%)

01 Ingwer schälen und in kleine Würfel schneiden. Hackfleisch mit Ingwer, Zwiebelmettwurst, Eiern und Oregano gut vermengen. Anschließend mit Paprika, Zimt, Salz und Pfeffer würzen.

02 Den Spitzkohl vom Strunk befreien und fein hobeln. 2 EL Öl in einer beschichteten Pfanne erhitzen und den Kohl 5 Minuten darin anrösten. Anschließend mit Muskat, Kümmel, Essig, Salz und Pfeffer würzen und beiseitestellen.

03 Für den Dip die Paprika putzen und in feine Würfel schneiden. Paprikawürfel mit saurer Sahne mischen und mit Salz und Pfeffer abschmecken.

04 Aus der Hackfleischmasse kleine Kugeln formen und platt drücken. 2 EL Öl in einer beschichteten Pfanne erhitzen und die Gewürzhacksteaks etwa 4–5 Minuten von jeder Seite anbraten.

05 Die Gewürzsteaks zusammen mit dem lauwarmen Krautsalat und dem Paprikadip servieren.

SPARTIPP: Rinderhackfleisch kann durch gemischtes Hackfleisch ersetzt werden.

Paprikaschiffchen mit griechischer Füllung

FÜR 4 PERSONEN

- 4 große Paprikaschoten
- 2 Zwiebeln
- 2 Knoblauchzehen
- 2 EL Olivenöl
- 500 g Hackfleisch (gemischt)
- 8 Lauchzwiebeln
- 50 g Oliven (entsteint)
- 2 Eier (Größe M)
- 100 g Tomatenmark
- 200 g Feta
- Salz und Pfeffer nach Geschmack

1 Portion (460 g): 600 kcal, 38 g Eiweiß (26 E%), 44 g Fett (66 E%), 11 g Kohlenhydrate (8 E%)

01 Paprikaschoten der Länge nach halbieren, Zwiebeln und Knoblauch in feine Würfel schneiden.

02 Backofen auf 175° Umluft vorheizen.

03 Öl in einer beschichteten Pfanne erhitzen. Zwiebeln, Knoblauch und Hackfleisch etwa 6–8 Minuten anbraten und mit Salz und Pfeffer würzen. Die Masse anschließend in eine Schüssel geben.

04 Lauchzwiebeln waschen und in Röllchen schneiden. Oliven abtropfen lassen und vierteln. Lauchzwiebeln, Oliven, Eier und Tomatenmark nun zum Hackfleisch geben.

05 Die Hackfleischmasse gut vermengen und dann gleichmäßig auf die halbierten Paprika verteilen und andrücken. Die Schoten in eine hitzefeste Form geben.

06 Feta in dünne Scheiben schneiden und auf die gefüllten Paprikaschoten legen.

07 Die Paprikaschoten im Ofen (Mitte) 15 Minuten überbacken.

TIPP: Die Hackfleischmasse immer schön kräftig würzen, da sich der Salz- und Pfeffergeschmack durch das Braten verändert.

SPARTIPP: Kaufen Sie die Paprika im Dreierpack, da diese meist günstiger sind als Einzelware.

Lachssteak mit Kräuterpesto und gebratenen Petersilienwurzeln

FÜR 4 PERSONEN

- 500 g Lachssteak (4 Stück)
- 6 EL Olivenöl
- 2 Knoblauchzehen
- 1 Bund frisches Basilikum
- 30 g Walnüsse (geschält)
- 30 g Oliven (entsteint)
- 125 g Mozzarella
- 50 g getrocknete Tomaten (in Öl)
- 1 Ei (Größe M)
- 500 g Petersilienwurzeln
- ½ Stange Lauch
- 50 g Schmelzkäse (20 % Fett i. Tr.)
- 1 Msp. Paprikapulver (edelsüß)
- Salz und Pfeffer nach Geschmack

1 Portion (370 g): 625 kcal, 42 g Eiweiß (27 E%), 46 g Fett (66 E%), 12 g Kohlenhydrate (7 E%)

01 Backofen auf 160° Umluft vorheizen.

02 Lachssteaks waschen und mit Küchenpapier trocken tupfen. 2 EL Öl in einer Pfanne erhitzen und die Steaks von beiden Seiten etwa 2–3 Minuten anbraten. Mit Salz und Pfeffer würzen.

03 Für das Kräuterpesto Basilikumblättchen, Knoblauch, Walnusskerne, 2 EL Öl, Salz und Pfeffer mit einem Stabmixer pürieren.

04 Oliven, Mozzarella und getrocknete Tomaten fein würfeln und zusammen mit dem rohen Ei unter das Kräuterpesto mischen.

05 Kräuterpesto gleichmäßig auf dem Lachs verteilen und etwas andrücken. Die Lachssteaks in eine feuerfeste Form bzw. auf ein mit Backpapier ausgelegtes Backblech setzen und im Ofen (Mitte) 12–15 Minuten überbacken.

06 Die Petersilienwurzeln längs achteln. 2 EL Öl in einer beschichteten Pfanne erhitzen und die Wurzelstücke etwa 3–5 Minuten anbraten. Den Lauch in Ringe schneiden und zu den Petersilienwurzeln geben. Beides weitere 5–8 Minuten bei geringer Hitze braten. Zum Verfeinern den Schmelzkäse zugeben und mit Paprika und Salz abschmecken.

07 Am Ende der Backzeit die Steaks aus dem Ofen nehmen und zusammen mit den gebratenen Petersilienwurzeln servieren.

TIPP: Die Petersilienwurzeln trocken und bei einer Temperatur unter 2–4 °C im Gemüsefach lagern, da sie bei höheren Temperaturen schnell weich und schwammig werden.

SPARTIPP: Da geschälte Walnüsse sehr teuer sind, kaufen Sie lieber ganze Nüsse mit Schale und knacken diese selbst. Die Nüsse anschließend in einer heißen Pfanne ohne Fett anrösten, damit sie länger haltbar bleiben.

Lachs im Sesammantel auf Erbsencreme

FÜR 4 PERSONEN

- 2 Zwiebeln
- 2 EL Butter
- 400 g Erbsen (TK)
- 100 ml Sahne
- 4 Lachsfilets (à 140 g)
- 20 g gerösteter Sesam (weiß oder schwarz)
- 2 EL Olivenöl
- Muskat, Salz und Pfeffer nach Geschmack

1 Portion (300 g): 420 kcal, 36 g Eiweiß (35 E%), 24 g Fett (50 E%), 15 g Kohlenhydrate (15 E%)

01 Zwiebeln schälen und in Würfel schneiden. Butter in einem Topf erhitzen und Zwiebeln darin glasig andünsten. Die Erbsen zufügen und etwa 4–5 Minuten mitdünsten. Mit Muskat, Salz und Pfeffer würzen. Sahne zufügen und weitere 5 Minuten gardünsten. Anschließend mit einem Stabmixer pürieren.

02 Lachs waschen, trocken tupfen und im Sesam wenden. Öl in einer beschichteten Pfanne erhitzen und den Fisch bei schwacher Hitze von beiden Seiten je 3–5 Minuten braten und anschließend 2 Minuten ruhen lassen. Mit Salz und Pfeffer würzen.

03 Erbsenpüree in einem tiefen Teller anrichten und Lachstranche daraufsetzen.

SPARTIPP: Wagen Sie sich doch mal an die Zubereitung eines ganzen Lachses heran, denn der ist deutlich günstiger. Lassen Sie sich von Ihrem Fischhändler zeigen, wie man ihn fachgerecht zerlegt. Das übrig gebliebene Fischfleisch können Sie einfrieren.

Gedünstetes Forellenfilet mit Ananas-Curry-Sauce und Frühlingslinsen

FÜR 4 PERSONEN

- 1 Zwiebel
- 1 Ananas
- 1 EL Olivenöl
- 250 ml Gemüsebrühe
- 1 EL Currypaste (Tube)
- 200 g rote Linsen (getrocknet)
- 1 l Salzwasser
- 4 Forellenfilets (à 120 g)
- Saft von 1 Zitrone
- 6 Frühlingszwiebeln
- 200 g Schmand
- Salz und Pfeffer nach Geschmack
- Alufolie

1 Portion (560 g): 545 kcal, 38 g Eiweiß (29 E%), 22 g Fett (36 E%), 47 g Kohlenhydrate (35 E%)

01 Zwiebel schälen und in Würfel schneiden. Ananas schälen, vom Strunk befreien und in kleine Würfel schneiden. Olivenöl in einer beschichteten Pfanne erhitzen und Zwiebel- und Ananaswürfel 2–3 Minuten darin anschwitzen. Mit Gemüsebrühe ablöschen, Currypaste dazugeben und mit etwas Pfeffer würzen. Weitere 2–3 Minuten leicht köcheln lassen.

02 Linsen unter fließend kaltem Wasser waschen und im Salzwasser etwa 20–25 Minuten kochen. Die Linsen anschließend abtropfen lassen und im Topf bei geschlossenem Deckel auf der Herdplatte warm halten.

03 Die Forellenfilets waschen, trocken tupfen und mit Salz, Pfeffer und Zitronensaft würzen.

04 Frühlingszwiebeln waschen und in feine Röllchen schneiden.

05 Die Forellenfilets in die köchelnde Currysauce legen und zugedeckt 4–5 Minuten garen lassen. Anschließend aus dem Sud nehmen, auf einem Teller mit Alufolie abdecken und warm halten.

06 Die Linsen in die Currysauce geben, mit Schmand und Frühlingszwiebeln verfeinern und 2–3 Minuten köcheln lassen.

07 Zum Servieren das Linsengemüse in einen tiefen Teller geben und den Fisch darauf platzieren.

SPARTIPP: Auch Gemüse braucht nur wenig Wasser, um gar zu werden. Das spart nicht nur Strom und damit Energiekosten – sondern schont vor allem auch die Vitamine.

Seelachsfilet mit Möhren-Knusper-Auflage und Gemüsepäckchen

FÜR 4 PERSONEN

Für die Knusperauflage:

- 2 Möhren
- 80 g Emmentaler
- 50 g Sojaflocken
- 100 ml Sahne
- 2 Msp. Paprikapulver (edelsüß)
- Salz und Pfeffer nach Geschmack

Für die Gemüsepäckchen:

- 1 kleine Zucchini
- 1 rote Paprika
- 50 g Zuckerschoten
- 50 g grüne Bohnen
- 2 Knoblauchzehen
- 40 g Butter
- Salz und Pfeffer nach Geschmack

Für die Filets:

- 2 EL Rapsöl
- 4 Seelachsfilets (à 140 g)
- Salz und Pfeffer nach Geschmack
- 4 Streifen Alufolie

1 Portion (360 g): 495 kcal, 41 g Eiweiß (33 E%), 34 g Fett (60 E%), 8 g Kohlenhydrate (7 E%)

01 Möhren in feine Streifen schneiden. Den Käse ebenso in feine Streifen schneiden und mit Möhrenstreifen, Sojaflocken und Sahne vermengen. Mit Paprikapulver, Salz und Pfeffer würzen und anschließend 10 Minuten ruhen lassen.

02 Backofen auf 180° Umluft vorheizen.

03 Für die Gemüsepäckchen Zucchini und Paprika in 2 cm große Stücke schneiden. Zuckerschoten und Bohnen in 1 cm große Stücke schneiden. Knoblauch halbieren. Das Gemüse mischen und auf die Alufolien verteilen. Jeweils mit Salz und Pfeffer würzen, ein Butterstück (à 10 g) darauflegen und anschließend gut einpacken. Die Gemüsepäckchen im Ofen (Mitte) 20 Minuten garen.

04 Öl in einer beschichteten Pfanne erhitzen. Die Seelachsfilets waschen, trocken tupfen und von allen Seiten etwa 1–2 Minuten scharf anbraten. Anschließend mit buntem Pfeffer würzen. Die zuvor vorbereitete Knusperauflage gleichmäßig auf den Filets verteilen und fest andrücken.

05 Die Seelachsfilets zu den Gemüsepäckchen in den Ofen geben und in etwa 10 Minuten (medium) fertig garen.

06 Die Gemüsepäckchen öffnen und servieren. Das Knuspersteak vor dem Servieren mit Salz würzen.

TIPP: Wer es besonders pikant mag, kann vor dem Auftragen der Knusperauflage die Seelachsfilets mit Dijon-Senf bestreichen.

Mariniertes Lachssteak mit Rüben-Champignon-Salat

FÜR 4 PERSONEN

- 600 g Lachssteak (4 Stück)
- 500 g weiße Rüben
- 200 g Champignons
- 1 Zwiebel
- 4 EL Olivenöl
- Saft von 1 Zitrone

Für die Marinade:

- 1 Knoblauchzehe
- 2 EL Honig
- 1 EL Senf (mittelscharf)
- 3 EL Joghurt (1,5 % Fett)
- 1 TL Sojasauce
- 1 EL Aceto balsamico (dunkel)
- ¼ TL Salz
- ¼ TL Pfeffer (geschrotet)

Für das Salatdressing:

- 1 TL Honig
- 1 TL Dijon-Senf
- 2 Prisen Salz
- 2 Prisen Pfeffer
- 3 EL Weißweinessig
- 2 EL Olivenöl

1 Portion (410 g): 385 kcal, 34 g Eiweiß (36 E%), 20 g Fett (45 E%), 17 g Kohlenhydrate (19 E%)

01 Für die Marinade den Knoblauch fein hacken und zusammen mit den restlichen Marinadezutaten gut verrühren.

02 Lachsteaks waschen, trocken tupfen und mit der Marinade einreiben. Für 45 Minuten zugedeckt im Kühlschrank durchziehen lassen.

03 Für den Salat die weißen Rüben mit der Schale 20 Minuten in einem Topf mit Salzwasser kochen lassen. Anschließend die Rüben kurz mit kaltem Wasser übergießen und schälen.

04 Champignons in Scheiben, Zwiebel in feine Würfel schneiden.

05 2 EL Öl in einer beschichteten Pfanne erhitzen und die Champignons kurz scharf anbraten. Zwiebeln dazugeben und etwa 1 Minute mitbraten.

06 Für das Salatdressing alle angegebenen Zutaten in einer Schüssel mit einem Schneebesen verquirlen.

07 Die Rüben in Scheiben schneiden und mit den Champignons und dem Dressing vermengen.

08 Die marinierten Lachssteaks auf dem Grill oder in einer Pfanne mit 2 EL Olivenöl von beiden Seiten etwa 2–3 Minuten braten.

09 Die Steaks mit Zitronensaft beträufeln und zusammen mit dem Rüben-Champignon-Salat servieren.

Fruchtige Kürbissuppe mit Knusperkräckern

FÜR 4 PERSONEN

- 2 Zwiebeln
- 500 g Speisekürbis
- 150 g Möhren
- ½ Stange Lauch
- 3 EL Olivenöl
- 25 g Tomatenmark
- 600 ml Geflügelbrühe
- 250 ml Sahne
- 2 Grapefruits
- 40 g frischer Parmesan
- 2 Zweige frischer Rosmarin
- 10 g frisch gehackte Blattpetersilie
- Muskat, Salz und Cayennepfeffer nach Geschmack

1 Portion (560 g): 510 kcal, 16 g Eiweiß (13 E%), 39 g Fett (68 E%), 23 g Kohlenhydrate (19 E%)

01 Den Backofen auf 200° Umluft vorheizen.

02 Zwiebeln fein würfeln. Kürbis in 3 cm große Würfel schneiden.

03 Möhren und Lauch in Scheiben bzw. Ringe schneiden.

04 Öl in einem Topf erhitzen und Zwiebeln, Kürbis, Möhren und Lauch darin anschwitzen. Tomatenmark zugeben und 2 Minuten mit anrösten. Mit Geflügelbrühe und Sahne ablöschen. Etwa 10–15 Minuten bei mittlerer Hitze im geschlossenen Topf köcheln lassen. Die Zutaten anschließend mit einem Stabmixer pürieren und mit Muskat, Salz und Cayennepfeffer würzen.

05 Die Grapefruits wie folgt filieren: Die beiden Kappen oben und unten abschneiden bis man das Fruchtfleisch sieht. Mit einem scharfen Filetiermesser zwischen Schale und Fruchtfleisch ansetzen und von oben leicht rund nach unten schneiden, bis alles von der Schale und dem weißen Fruchtkörper entfernt ist. Die Filets schneidet man mit dem Messer links und rechts der Zwischenhäutchen bis zur Mitte aus der Grapefruit heraus. Die Filets in ein Schüsselchen geben und beiseite stellen.

06 Parmesan fein reiben. Rosmarin fein hacken und mit Petersilie und Parmesan mischen. Jeweils 1 EL der Parmesan-Kräuter-Mischung schwach gehäuft auf ein mit Backpapier ausgelegtes Backblech geben und leicht andrücken. Die Kräcker 3–4 Minuten im Ofen (Mitte) backen, bis der Parmesan zerlaufen ist und sich leicht goldgelb färbt. Anschließend abkühlen lassen.

07 Zum Servieren die Kürbissuppe in tiefe Teller geben und mit jeweils 2–3 Grapefruitfilets und 1 Kräcker dekorieren.

SPARTIPP: Die Kürbiskerne waschen und sorgfältig vom Fruchtfleisch befreien. Die Kerne danach in einer Pfanne ohne Fett anrösten und zum nächsten Salat servieren.

Gemüsesuppe nach Omas Art

FÜR 4 PERSONEN

- 2 Gemüsezwiebeln
- 1 TL Olivenöl (für die Alufolie oder die Pfanne)
- 2 l Gemüsebrühe
- ½ TL Pfefferkörner
- 2 Lorbeerblätter
- 400 g Möhren
- 1 kleiner Knollensellerie
- 1 Kohlrabi
- 1 Stange Lauch
- 300 g grüne Bohnen
- 4 Tomaten
- ½ TL Majoran (getrocknet)
- 100 g saure Sahne
- Muskat, Salz und schwarzer Pfeffer aus der Mühle nach Geschmack
- Alufolie

1 Portion (910 g): 170 kcal, 8 g Eiweiß (19 E%), 7 g Fett (37 E%), 18 g Kohlenhydrate (44 E%)

01 Zwiebeln schälen, halbieren und mit den Schnittflächen nach unten liegend entweder auf einem Stück Alufolie direkt auf der Herdplatte oder in einer Pfanne dunkelbraun anrösten. Die angerösteten Zwiebeln in einen großen Topf legen. Mit der Gemüsebrühe aufgießen und Salz, Pfefferkörner und Lorbeerblätter dazugeben.

02 Möhren, Sellerie und Kohlrabi putzen, waschen und schälen. Lauch und Bohnen putzen und waschen. Gemüse anschließend in 2 cm große Stücke schneiden und ebenfalls in den Topf geben.

03 Die Zutaten im Topf bei schwacher Hitze etwa 15–20 Minuten garen.

04 In der Zwischenzeit die Tomaten kreuzförmig einritzen, mit kochendem Wasser überbrühen, kalt abschrecken, enthäuten, vierteln und den Strunk herausschneiden. Tomatenviertel 2 Minuten vor Ende der Kochzeit in den Topf geben.

05 Mit Muskat, Salz und Pfeffer abschmecken.

06 Majoran und saure Sahne vermengen und als Topping auf die Gemüsesuppe im servierfertigen Teller geben.

SPARTIPP: Haben Sie noch Restgemüse im Kühlschrank? Auch Zucchini, Chinakohl oder Salatgurken passen gut zu dieser Suppe.

Hering-Gurken-Suppe

FÜR 4 PERSONEN

- 2 Salatgurken
- 1 Zwiebel
- 1 EL Rapsöl
- 200 g Schmand
- 500 ml Gemüsebrühe
- 2–3 TL körniger Senf
- 400 g frische Heringsfilets (ohne Haut)
- 2 EL Zitronensaft
- ¼ Bund frische Blattpetersilie
- Salz und Pfeffer nach Geschmack

1 Portion (440 g): 425 kcal, 21 g Eiweiß (20 E%), 36 g Fett (75 E%), 5 g Kohlenhydrate (5 E%)

01 Gurken schälen, halbieren, mit einem Löffel die Kerne herausschaben und in 1,5 cm breite Halbringe schneiden. Zwiebel schälen, halbieren und in 1,5 cm breite Halbringe schneiden. Öl in einer beschichteten Pfanne erhitzen und die Zwiebeln darin andünsten. Gurken dazugeben und 2 Minuten mitbraten.

02 Schmand, Gemüsebrühe und Senf dazugeben und bei mittlerer Hitze 8 Minuten zugedeckt köcheln lassen. Heringsfilets in 2 x 2 cm große Würfel schneiden, zu den Gurken geben und etwa 7–8 Minuten weiterköcheln. Mit Zitronensaft, Salz und Pfeffer würzen.

03 Petersilie waschen, trocken schütteln, fein hacken und vor dem Servieren unter die Fisch-Gurken-Suppe heben.

SPARTIPP: Anstelle von Fisch können Sie auch gut Kochschinken verwenden.

Steckrübeneintopf mit Rosenkohl

FÜR 4 PERSONEN

- 1 Stange Lauch (ca. 400g)
- 1 kg Steckrüben
- 1 l Gemüsebrühe
- 4 EL Rapsöl
- 400 g Rosenkohl
- Muskat, Salz und Pfeffer nach Geschmack

1 Portion (530 g): ca. 230 kcal, 10 g Eiweiß (18 E%), 13 g Fett, (50 E%), 18 g Kohlenhydrate (32 E%)

01 Den Lauch putzen und waschen. Die Stange längs halbieren und den weißen und hellgrünen Teil in dünne Ringe schneiden. Die Steckrübe schälen und in kleine Würfel schneiden.

02 Das Öl in einem Suppentopf erhitzen. Den Lauch darin anbraten. Die Steckrüben zugeben und unter Rühren rundum bräunen. Mit 1 l der Gemüsebrühe ablöschen. Gut verrühren und das Gemüse bei schwacher Hitze und geschlossenem Deckel 10–15 Minuten leise köcheln lassen. Dabei gelegentlich umrühren.

03 Inzwischen den Rosenkohl gut waschen, die äußeren Blätter und die Stängelansätze entfernen und die Kohlköpfchen halbieren. Nach 10–15 Minuten Garzeit zum Lauchgemüse geben. Den Eintopf weitere 30 Minuten bei schwacher Hitze und geschlossenem Deckel leise köcheln lassen. Dabei 1- bis 2-mal umrühren.

04 Den Steckrübeneintopf mit Salz, Pfeffer und Muskatnuss abschmecken.

Bananenkuchen

ERGIBT 10 STÜCKE

- 2 reife Bananen
- 150 g gemahlene Mandeln
- ½ Päckchen Backpulver
- 3 Eier
- 1 Prise Salz
- 1 EL Honig
- 50 g weiche Butter
- 200 g Quark (Magerstufe)
- Butter und Mehl für die Form
- Kastenform (25 cm)

1 Stück (90 g): 150 kcal, 10 g (27 E%) Eiweiß, 16 g (51 E%) Fett, 8 g (22 E%) Kohlenhydrate

01 Den Backofen auf 150° Umluft vorheizen. Die Backform mit Butter einfetten und mit etwas Mehl bestäuben.

02 Die Bananen schälen. Von 1 Banane zunächst 5 gleichmäßige Scheiben abschneiden und beiseitelegen. Die übrigen Bananen in etwa 1 cm lange Stücke schneiden und pürieren. Die Mandeln mit dem Backpulver mischen.

03 Die Eier mit 1 Prise Salz und dem Honig schaumig schlagen. Butter, Quark und Bananenpüree unterrühren. Mit der Mandelmischung zu einem glatten Teig verrühren.

04 Den Teig in die Form geben und glatt streichen. Die 5 Bananenscheiben gleichmäßig obenauf verteilen. Im Ofen (Mitte) 30–40 Minuten backen. Anschließend auskühlen lassen.

Kirschgratin

FÜR 4 PERSONEN

- 250 g Kirschen (Glas)
- 2 Eier
- 1 Prise Salz
- 2 EL Honig
- 250 g Quark (Magerstufe)
- 80 g weiche Butter
- 1 EL Kokosraspel
- Butter und Mehl für die Form
- Auflaufform (ø 16 cm)

1 Portion (180 g): 310 kcal, 13 g (17 E%) Eiweiß, 22 g (63 E%) Fett, 15 g (20 E%) Kohlenhydrate

01 Den Backofen auf 180° Umluft vorheizen. Eine Auflaufform mit Butter einfetten und mit etwas Mehl bestäuben. Die Kirschen in ein Sieb geben und gut abtropfen lassen.

02 Die Eier trennen. Die Eiweiße mit 1 Prise Salz steif schlagen und kühl stellen. Die Eigelbe mit dem Honig cremig rühren. Quark und Butter unterrühren. Den Eischnee unterheben.

03 150 g Kirschen pürieren, die übrigen Kirschen halbieren. Die Hälfte der Quarkcreme in die Auflaufform gießen. Zunächst gleichmäßig die Hälfte der pürierten Kirschen, dann die Hälfte der halbierten Kirschen darauf verteilen. Mit der übrigen Quarkmasse bedecken, darauf wieder Kirschpüree und Kirschhälften geben.

04 Das Gratin mit Kokosraspeln bestreuen und im Ofen (Mitte) 30–40 Minuten backen, bis sich eine goldbraune Kruste bildet.

Impressum

Redaktion: systemed Verlag, Lünen
systemed GmbH, Kastanienstr. 10, 44534 Lünen
Lektorat: Andra Knauer, Karben

Fotografie: Studio Reiner Schmitz, München

Umschlaggestaltung: Hauptmann & Kompanie Werbeagentur, Zürich
Satz: A flock of sheep, Lübeck

Druck: Druckerei Uhl, Radolfzell
ISBN: 978-3-942772-65-5

3. Auflage

systemed verlag

LOGI® DAS ORIGINAL BEI SYSTEMED